Les trois sœurs

Un conte de Michel Noël
Illustré par Gérard Frischeteau

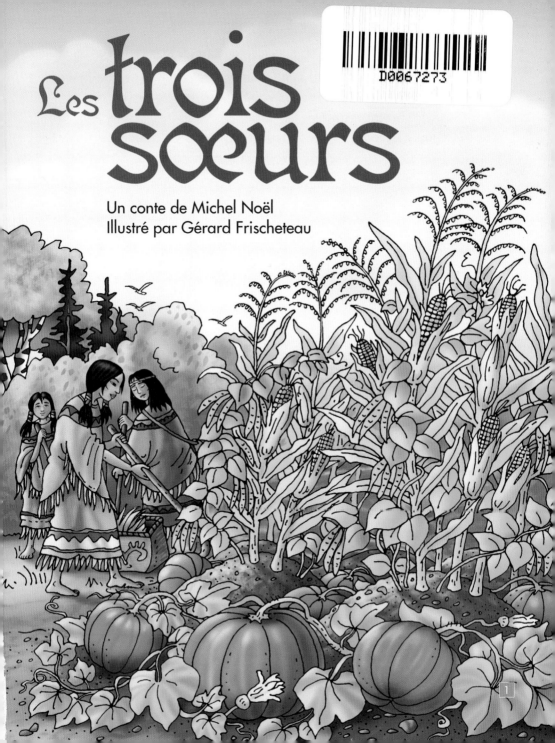

C'est l'automne. Des éclairs zèbrent le ciel. Crac !
La foudre tombe. Le feu éclate. Le champ de maïs et de fèves
s'enflamme. Les Stadaconés voient leur récolte **dévastée**.
Grand-maman réunit toute la famille.

— Sans **Onaowè** et sans **Osaida**, ce sera la famine cet hiver !
— Nous n'avons plus de grains à semer, constate grand-papa.

Eskouta s'écrie :

— J'irai emprunter des grains chez les **Abénakis**, les **Wendats** et d'autres communautés **Mohawks**.

— Prends ces mocassins en peau de daim, offre sa grande sœur, tu marcheras plus vite.

— Ces raquettes te porteront comme une perdrix sur la neige, ajoute sa cousine.

Grand-maman tend un sachet à son petit-fils :
— Tu mettras les grains dans ce sac.
Si tu es en difficulté, souffle fort dedans.
Eskouta monte dans son canot.
D'un coup d'aviron, il se lance sur les flots.

Arrivé au pied des chutes,
il glisse son canot sous les arbres
avant d'emprunter la piste du **portage**.
La neige couvre le sol, quand Eskouta
atteint enfin le village des Abénakis.

— Grand chef, je viens vous emprunter
des semences.
— Mon jeune frère, voici un grain de maïs
et un grain de fève. C'est la moitié
de ce qu'il nous reste cette année.

Eskouta dépose les grains dans son sac et dit :
— Merci pour votre générosité !
Le garçon se rend ensuite chez les Mohawks,
puis chez les Wendats. À chaque village,
il récolte un grain de maïs et un grain de fève.

Sur le chemin du retour, Eskouta affronte
courageusement les tempêtes de neige.
Il traverse des forêts et des rivières gelées.
Il escalade des montagnes en serrant
le précieux sachet contre son cœur.
Le garçon a faim. Ses forces s'épuisent.
Il dort dans un trou creusé dans la neige.
Une nuit, il se réveille gelé jusqu'aux os.

Eskouta se souvient du conseil de sa grand-mère.
Il prend le sachet et souffle dedans. Le sac se met à briller
comme s'il était rempli de soleil. Une chaleur réconfortante
enveloppe le garçon tandis qu'il entend :
— Je suis le printemps !

Au matin, la neige se met à fondre.
Eskouta a repris des forces.
De retour au village, le garçon verse
le contenu de son sac sur une nappe
en écorce de bouleau. Mais au lieu
de six petits grains, ce sont
des centaines de perles jaunes et vertes
qui bondissent et roulent joyeusement
sur l'écorce.

— Bravo ! Bravo Eskouta !
Toute la famille applaudit, puis s'arrête.
Au milieu des semences,
il y a une graine inconnue.

— Qu'est-ce que c'est? demande Eskouta.

— Semons cette graine avec les autres, on verra bien, décide grand-maman.

Les Stadaconés se rendent au champ. Ils forment des buttes de terre. Les grains de maïs sont enfoncés au centre. Les grains de fèves sont semés tout autour. La semence inconnue est semée un peu plus loin.

Dans les semaines qui suivent, les tiges de maïs poussent bien droit. Les plants de fèves s'enroulent autour d'elles. Ils grimpent à mesure que le maïs grandit. La mystérieuse graine **germe** elle aussi.

La plante a de larges feuilles vertes.
De grandes fleurs orangées apparaissent.
Elles sont reliées entre elles par un long cordon.
Les fleurs se transforment en fruits.
Tous les matins, on les regarde, on les touche
du bout des doigts, on s'agenouille
pour les sentir.

Le jour de la récolte, c'est la fête.
Grand-maman goûte au nouveau fruit.
— Mmm, c'est délicieux ! dit-elle.
Avec un grand sourire, elle annonce :
Onaowè et Osaida ont maintenant une sœur.
Elle portera le nom d'Eskouta !

Le garçon sourit en regardant le soleil
qui se couche à l'horizon.
Ses pommettes rondes sont orangées
comme le fruit qu'il tient fièrement
dans ses mains.

Depuis ce jour, les Stadaconés
ont toujours continué de semer le maïs,
le haricot et la citrouille côte à côte.
Les trois sœurs étaient devenues
inséparables.

Ouvre l'œil !

La naissance d'une citrouille

1 **La graine**

La graine de citrouille est semée dans le sol vers la fin du mois de mai.

2 **Les cotylédons**
Les cotylédons se développent quelques jours plus tard.

3 **Les feuilles**
De vraies feuilles remplacent les cotylédons. Elles s'étalent rapidement sur le sol.

4 Les fleurs

De jolies fleurs jaunes apparaissent ensuite.
Il est facile de distinguer l'étamine de la fleur mâle (a)
du pistil de la fleur femelle (b).

a

b

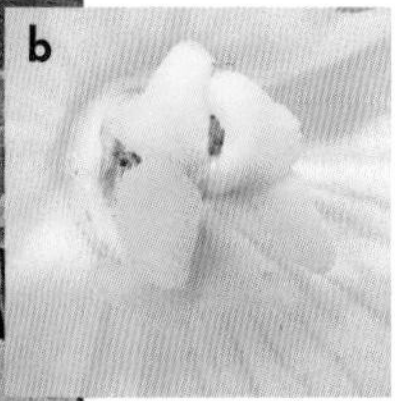

5 Le fruit

Le fruit se développe
directement
sous la fleur femelle.

6 La citrouille

La citrouille mûrit pendant l'été.

Les courges d'hiver sont récoltées à l'automne.
Elles se conservent pendant tout l'hiver
dans un endroit frais, sec et aéré.
On les fait généralement cuire, mais on peut
aussi les râper pour les manger crues,
en salade. La pelure des courges d'hiver
est généralement trop dure pour être mangée.

Les courges d'hiver regroupent les courges potagères,
les courges musquées et les courges géantes.
Ces espèces ont des tailles, des formes, des couleurs
et des saveurs très variées. La citrouille
fait partie des courges potagères. @

La citrouille contient des graines nourrissantes.
Une fois nettoyées et séchées, ces graines sont délicieuses
à manger, crues ou rôties.

Les courges d'été sont récoltées avant qu'elles soient mûres.
On peut les manger crues ou cuites. Leur chair est tendre et leur pelure est fragile. On conserve les courges d'été au réfrigérateur. Elles se conservent moins longtemps que les courges d'hiver. @

Le zucchini est sans doute la courge d'été la plus connue.
Il ressemble un peu au concombre. Sa peau mince et lisse est comestible.

Le pâtisson est aussi une courge d'été.
Il a la forme d'un disque épais et dentelé. Il peut être blanc, jaune, vert, orangé, uni ou rayé.

Parmi les nombreuses variétés de courges, certaines ont des noms plutôt rigolos.
C'est le cas de la courge torticolis, qui possède un cou mince et recourbé.

La courge spaghetti doit son nom à une étonnante particularité.
Après la cuisson, sa chair se sépare facilement avec une fourchette en de fins filaments qui ressemblent à des spaghettis.

21

La courge Lady Godiva
est ronde
comme un ballon.

Le potiron Marina di Chioggia
est légèrement aplati.

La courge banane
a la forme d'un cylindre
rose ou bleu.

Certaines courges sont toutes blanches.

D'autres sont
orangées, vertes,
unies, rayées
ou tachetées
de différentes
couleurs. @

Le potimarron ressemble à une toupie.

La courge Butternut a l'air d'une grosse cacahuète.

La courge Carnaval a la forme d'une tasse.

Vert, rouge, orange vif ou gris-vert bleuté, les couleurs de la Hubbard étonnent autant que sa forme. On peut confectionner de délicieuses croustilles en faisant frire la chair de cette courge. @

Ronds, ronds, les potirons ?
Pas toujours, mais peu importe leur forme, leur couleur ou la texture de leur peau, leur chair est toujours savoureuse. @

23

Halloween, la fête de la citrouille

Dès les premières gelées, les citrouilles sont prêtes à être cueillies.
Quelle joie de choisir celle qu'on emportera chez soi pour fêter l'Halloween ! Mais le choix n'est pas facile… @

Laquelle de ces citrouilles deviendra la reine de la fête ?

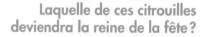

Le jour de l'Halloween, les enfants se déguisent pour aller de maison en maison en réclamant des bonbons.

L'origine de cette fête remonte à des milliers d'années, chez les **Celtes**. À cette époque, le 31 octobre était le dernier jour de l'été et de l'année. @

Les Celtes fabriquaient des lanternes avec des navets découpés en forme de visage. Ils s'en servaient pour éloigner les mauvais esprits. En Irlande, cette tradition s'est transmise de génération en génération. Elle a donné naissance à la légende de Jack à la lanterne.

Jack à la lanterne

Jack était un homme malhonnête. À sa mort, il fut condamné à errer pour l'éternité. Le diable lui donna tout de même un morceau de braise pour éclairer son chemin. Jack le déposa dans un navet. Depuis, il marche dans les ténèbres, sa lanterne à la main.

Quand les Irlandais sont arrivés en Amérique, ils ont remplacé les navets par des citrouilles. C'est ainsi que les citrouilles transformées en lanternes sont devenues le symbole de l'Halloween.

Lorsque les Européens ont découvert l'Amérique, les Amérindiens cultivaient déjà les courges depuis plus de 7000 ans.
Ils les faisaient cuire sous la cendre et les mangeaient telles quelles. @

Les citrouilles géantes sont vraiment étonnantes.
On les cultive surtout en tant que curiosités et pour des concours. Certaines d'entre elles pèsent plus de 600 kg !

Et que dire du potiron que Cendrillon a cueilli dans le jardin ?
D'un coup de baguette magique, il s'est transformé en un **splendide** carrosse doré. Voilà pourquoi cette courge porte le nom de Cendrillon. @

La Luffa est une courge très pratique pour nettoyer. Lorsqu'elle est mûre, un réseau de **fibres** dures remplace sa chair. Après avoir enlevé l'écorce, on peut s'en servir comme éponge ou comme brosse !

Une fois séchées, les calebasses peuvent être utilisées de multiples façons. En Chine, ces **gourdes** se transforment en cages à grillons et en nichoirs pour les oiseaux. En Afrique et en Amérique du Sud, elles servent de bols, d'ustensiles, de jouets et de flotteurs pour les filets de pêche. On les emploie aussi pour fabriquer différents instruments de musique comme ce xylophone appelé balafon.

Au jardin, les courges doivent affronter plusieurs dangers.
Les mauvaises herbes, les petits rongeurs, les limaces, les insectes et les maladies menacent leur développement et leur santé. @

Une recette de carnaval !

Il existe des tas de recettes délicieuses à base de courge.
En voici une très facile à réaliser avec l'aide d'un adulte.

1

1 Commence par réunir les ingrédients
suivants :
- une belle courge Carnaval
- différents légumes :
  - un oignon
  - un poivron rouge
  - une tomate
  - des carottes
  - des branches de céleri
  - des champignons
  - du brocoli
- quelques graines de citrouille
  du commerce
- 1/4 de tasse de couscous
  (semoule de blé)
- 1/4 de tasse de bouillon de poulet
- 1 c. à thé d'huile d'olive
- du sel et du poivre.

2 Règle le four de la cuisinière à 350°F
(175°C).

3 Demande à l'adulte qui t'aide de couper
la courge en deux pendant que tu laves
les légumes.

4 Sers-toi d'une cuiller pour nettoyer l'intérieur de la courge. Enlève bien toutes les graines et les filaments, tandis que l'autre personne coupe les légumes en petits dés et les fait revenir cinq minutes dans l'huile d'olive.

5 Dépose la semoule de blé dans un bol. Ajoute le bouillon de poulet, couvre le bol et place-le au micro-ondes pendant une minute, à la puissance maximale.

6 Mélange les légumes à la semoule et verse le tout dans la courge. Parsème le dessus de graines de citrouille. Remets le chapeau de la courge en place.

7 Place la courge dans un plat et laisse-la cuire au four pendant une heure.

8 Au moment de servir, enlève le chapeau et… BON APPÉTIT !

Vérifie ce que tu as retenu

Réponds par VRAI ou FAUX aux affirmations suivantes.
(Sers-toi du numéro de page indiqué pour vérifier ta réponse.)

1 La graine de citrouille est semée dans le sol vers la fin du mois de mai.
PAGE 18

2 Le fruit de la citrouille se développe directement sous la fleur.
PAGE 19

3 La citrouille est une courge potagère d'été.
PAGE 20

4 Les courges d'été sont récoltées avant qu'elles soient mûres.
PAGE 21

5 L'origine de la fête de l'Halloween remonte à très longtemps, chez les Amérindiens.
PAGE 25

6 Les citrouilles géantes peuvent peser plus de 600 kg.
PAGE 26

7 Une fois séchées, les calebasses se transforment en éponge.
PAGE 27

La couleur des mots

Abénakis, Wendats, Mohawks :
au Québec, trois nations amérindiennes cultivaient autrefois le maïs et les fèves : les Abénakis, les Wendats et les Mohawks.

Celtes :
les Celtes sont les ancêtres de plusieurs peuples, dont les Irlandais.

cotylédons :
les premières feuilles, de forme arrondie, qui apparaissent et servent de réserve à la plante.

dévastée :
détruite, suite à un événement qui a causé de grands dégâts.

fibres :
filaments qui forment le tissu de certaines plantes.

germe :
quand une graine s'ouvre pour laisser sortir une petite pousse, on dit qu'elle germe.

gourdes :
les gourdes appartiennent elles aussi à la famille des cucurbitacées.

Onaowè, Osaida :
dans la langue des Stadaconés, le maïs est appelé Onaowè et la fève se nomme Osaida.

portage :
chez les Amérindiens, le mot portage désigne un sentier utilisé pour se déplacer en forêt quand la rivière n'est plus navigable.

splendide :
d'une grande beauté.

Catalogage avant publication de Bibliothèque et Archives nationales du Québec et Bibliothèque et Archives Canada

Roberge, Sylvie, 1955-

La citrouille
(À pas de loup. Découverte)

Pour enfants de 6 ans et plus.

ISBN 978-2-89686-095-1

1. Citrouille - Ouvrages pour la jeunesse. I. Noël, Michel, 1944- . II. Frischeteau, Gérard, 1943- . III. Titre.

SB347.R62 2011   j635'.62   C2011-941304-3

**Direction artistique, recherche et texte documentaire,
liens Internet :** Sylvie Roberge

Révision et correction : Danielle Patenaude et Marie-Josée Lepage

Graphisme et mise en pages : Dominique Simard

Illustrations du conte et des pages 25, 26, 27 : Gérard Frischeteau

Photographies :

© Christian Rouleau/La Courgerie, pages 18 (les cotylédons, les feuilles), 20 (haut, bas à gauche), 21 (haut, bas), 22 (haut), 23 (haut, milieu : potiron vert) et 27 (bas : feuille).

© Sylvie Roberge, 4e de couverture et pages 19, 20 (bas à droite), 21 (haut : zucchini, milieu), 22 (bas), 23 (milieu : hubbard et potiron galeux, bas), 24, 25, 26, 27 (haut, milieu, bas : insectes et courge), 28 et 29.

Nous reconnaissons l'aide financière du gouvernement du Canada par l'entremise du Fonds du livre du Canada (FLC) pour nos activités d'édition.

Nous reconnaissons l'aide financière du gouvernement du Québec par l'entremise du Programme de crédit d'impôt pour l'édition de livres – SODEC – et du Programme d'aide aux entreprises du livre et de l'édition spécialisée.

© Les Éditions Héritage inc. 2011
Tous droits réservés
Dépôt légal : 3e trimestre 2011
Bibliothèque et Archives du Québec
Bibliothèque nationale du Canada

Dominique et compagnie
300, rue Arran, Saint-Lambert (Québec) J4R 1K5
Téléphone : 514 875-0327; Télécopieur : 450 672-5448
Courriel : dominiqueetcompagnie@editionsheritage.com

Imprimé au Canada